westermann

Texte schreiben

Erarbeitet von

Dominique Bielau

Elke Krutz

Insa Scheller

Sabine Wolff-Stamer

in Zusammenarbeit mit der
Westermann-Grundschulredaktion

Unter Beratung von

Heike Baligand

Angelika Föhl

Tanja Holtz

Nadine Pistor

Illustriert von

Gabie Hilgert, Karoline Kehr

Flex und Flora E
Deutsch inklusiv

Inhaltsverzeichnis

✋ handlungsorientierte Seiten

3

1 Lies und markiere in jedem Kasten ein Wort.
Schreibe den Satz.

| Franzi | fängt | Federn. |
| Flo | findet | Fische. |

_____

2 Lies und kreise im Bild das geheime Ding ein.

Mein geheimes Ding steht auf dem Boden.

Mein geheimes Ding ist groß.

Mein geheimes Ding ist braun.

Mein geheimes Ding brauche ich zum Sitzen.

3 Suche dir ein geheimes Ding aus.
Lies die Fragen und beschreibe es.

Wo ist es?

Mein geheimes Ding ist _____.

Wie groß ist es?

Mein geheimes Ding ist _____.

Welche Farbe hat es?

Mein geheimes Ding ist _____.

Wozu braucht man es?

Mein geheimes Ding braucht man _____.

_____.

4

Einen Satz mit Wörtern schreiben, die den gleichen Anlaut haben
Eine Beschreibung lesen und einen Gegenstand durch eine Beschreibung finden
Eine eigene Beschreibung nach einem Muster schreiben

1 Lies.

Markiere in der Postkarte
die Hausnummer und
die Postleitzahl.
Kreuze an.

Klara Hesse
Möwenstraße 3
47332 Talstadt

a) An wen wird die Postkarte geschickt?

☐ Klara Hesse   ☐ Sven Limme

b) In welche Straße wird die Postkarte geschickt?

☐ Talstraße   ☐ Möwenstraße

c) In welchen Ort wird die Postkarte geschickt?

☐ Talstadt   ☐ Feldstadt

2 Wer ist der Absender? Markiere.

Luisa Molt
Rosenweg 1
25554 Bergdorf

Gerhard Krell
Malstraße 84
95502 Himmelkron

3 Markiere die @-Zeichen und die Abkürzung **.de**
in den E-Mail-Adressen.

artist@zirkus.de   lehrer@schule.de   hund@tier.de

Teile einer Adresse erkennen
Absender identifizieren
Formalia einer E-Mail-Adresse identifizieren

 **1** Lies die Einladung.

Einladung zum Schulfest der Grundschule

Wir feiern am 4. September um 15 Uhr

in der Schule unser Schulfest und

laden alle herzlich dazu ein.

| Spiele | Obst-Imbiss |

Die Kinder der Klasse 4

 **2** Welche Frage passt zu welcher Antwort? Verbinde.

Was wird gefeiert?   am 4. September

Wo wird gefeiert?   ein Schulfest

Wann ist das Fest?   in der Schule

Wer lädt ein?   die Kinder der Klasse 4

 **3** Wie werden Elfchen geschrieben?
Ordne und schreibe 1., 2. und 3. davor.

Ich habe mir ein Thema überlegt.

Ich schreibe 11 Wörter nach einem Bauplan auf.

Ich suche Wörter zum Thema.

Eine Einladung lesen
W-Fragen und Antworten verbinden
Das Gedichtmuster des Elfchens kennen

 **1**   Was sieht Ruben? Male.

 **2**   Schreibe eine Geschichte zu deinem Bild.

Vom Hügel

Ruben sieht _____

_____.

Schnell rennt er _____

_____.

Als er angekommen ist, _____

_____

_____.

Sich zu einer Situation eine Vorstellung machen
Ideen und Vorstellungen zeichnerisch umsetzen
Mit vorgegebenen Satzanfängen eine Geschichte schreiben   Ideen zum Einsatz des Tablets,
siehe Handreichung, Kap. 1.3   **7**

Zufallsgeschichten schreiben

Datum: _____

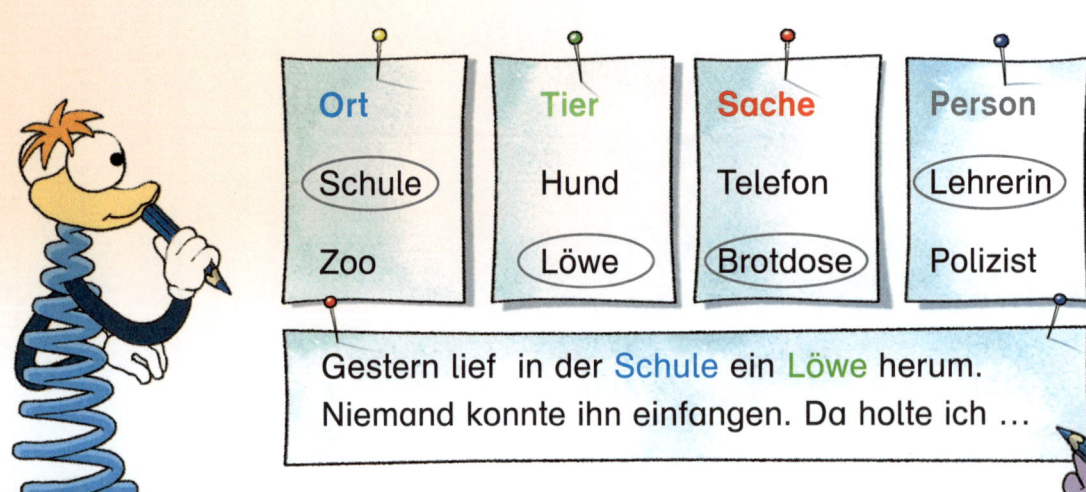

Ich habe Wörter zu den Überschriften gesammelt.

Ich habe mir Wörter ausgesucht und eingekreist.

1 Suche dir ein Partnerkind. Lest Floras Geschichte.

Erzählt die Geschichte weiter.

Benutzt Floras ausgewählte Wörter.

_____
Unterschrift Partnerkind

2 Lies die Wörter. Kreise einen Ort, ein Tier,

eine Sache und eine Person ein.

Kino	Katze	Schere	Arzt	Torte	Maus
Papagei	Stein	Tante	Auto	Garten	

3 Schreibe mit deinen ausgewählten Wörtern von oben

eine Geschichte in dein Heft.

Die Satzanfänge können dir helfen:

Letzte Woche war ich …   Plötzlich sah ich …   Sofort …

Ideen zum Einsatz des Tablets,
siehe Handreichung, Kap. 1.3

Eine Geschichte weitererzählen
Wörter auswählen
Mit ausgewählten Wörtern eine Geschichte schreiben

Datum: _____

 **1** Schneide den blauen Papierstreifen aus.

 **2** Suche dir ein Partnerkind.
Lest die Überschriften
auf dem blauen Papierstreifen.
Schreibt abwechselnd Wörter
in die Spalten.

 **3** Kreise in jeder Spalte ein
Lieblingswort ein.

 **4** Schreibe eine Geschichte in dein Heft.
Benutze deine ausgewählten Wörter.
Diese Satzanfänge können dir helfen:

> Ich war auf dem Weg zu …
>
> Plötzlich kam …
>
> Ich hatte zufällig …
>
> Schnell …
>
> So konnten wir doch noch …

Personen, die
wir gern treffen
wollen
Oma

Tiere, die
gefährlich sein
können
Wespe

Dinge, die wir
gern mögen
Eis

Orte, an denen
wir gern wären
Strand

Datum: _____

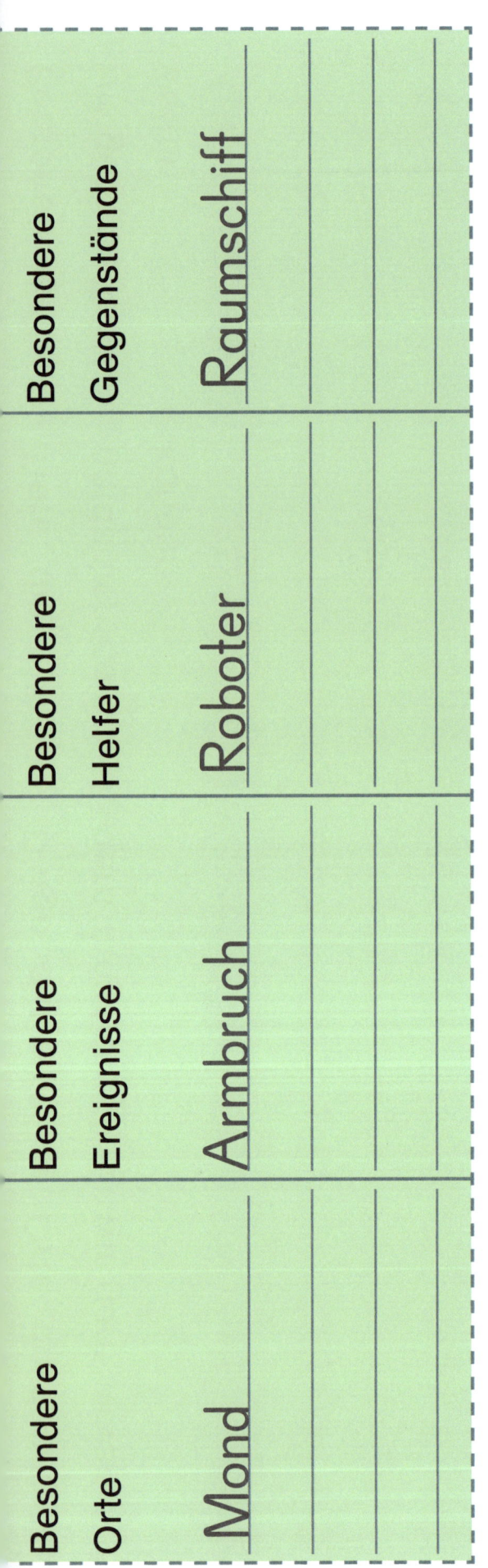

Besondere Gegenstände	Besondere Helfer	Besondere Ereignisse	Besondere Orte
Raumschiff	Roboter	Armbruch	Mond

1 Suche dir ein Partnerkind.

Nehmt den grünen Papierstreifen.

Lest die Überschriften

auf dem grünen Papierstreifen.

Schreibt abwechselnd Wörter

in die Spalten.

_____

Unterschrift Partnerkind

2 Kreise in jeder Spalte ein

Lieblingswort ein.

3 Schreibe eine Geschichte

in dein Heft.

Benutze deine ausgewählten Wörter.

Diese Satzanfänge können dir helfen:

> Gestern …
>
> Plötzlich …
>
> Zufällig …
>
> Schnell …
>
> Am Ende …

Handlungsorientiert Wörter zu Überschriften sammeln
Ausgewählte Wörter beim Schreiben einer Geschichte verwenden

Eine Zufallsgeschichte schreiben

 **1** Schreibe zu jeder Überschrift noch zwei passende Wörter.
Kreise in jeder Spalte ein Wort ein.

Ort	Tier	Dinge	Person
Schwimmbad	Floh	Buch	Zauberer

2 Schreibe mit deinen ausgewählten Wörtern eine Geschichte.

Vor einigen Tagen war ich _____

_____.

Plötzlich war dort _____

_____.

Zufällig kam _____

und ich bekam _____.

So konnte ich _____

_____.

Zum Schluss _____

_____.

 **3** Lies deine Geschichte 3-mal.
Lies sie dann deiner Klasse vor.

_____

Unterschrift Lehrkraft

Schreibideen sammeln, würfeln ...

 **1** Schreibe zu jeder Überschrift 4 weitere Wörter.

Personen

Räuber

Fee

_____

_____

_____

_____

Orte

Urwald

Kaufhaus

_____

_____

_____

_____

Fahrzeuge

U-Boot

Motorrad

_____

_____

_____

_____

Ereignisse

Ferien

Stromausfall

_____

_____

_____

_____

 **2** Suche dir ein Partnerkind.

Lies ihm deine Wörter vor.

_____

Unterschrift Partnerkind

Zu Überschriften Wörter sammeln und aufschreiben
Die gesammelten Wörter einem Partnerkind vorlesen

3 Würfle. Schreibe die Person, den Ort, das Fahrzeug und das Ereignis auf.

Meine Wörter

Person: _____   **Ort:** _____

Fahrzeug: _____   **Ereignis:** _____

---

4 Schreibe mit deinen gewürfelten Wörtern eine Geschichte.

Letzte Woche war ich _____

_____

_____

_____

_____

_____

_____

5 Finde eine passende Überschrift.
Schreibe sie oben in den roten Rahmen.

Wörter durch Würfeln auswählen
Mithilfe ausgewählter Wörter eine Geschichte schreiben
Eine passende Überschrift finden und aufschreiben

13

Schreibmuster erkennen ...

Datum: _____

Schau mal, ein Gedicht.

1 Heute ist mein Geburtstag.
2 Ich freue mich.
3 Viele Gäste kommen.
4 Heute ist mein Geburtstag.
5 Papa grillt Würstchen.
6 Wir feiern ein tolles Fest.
7 Heute ist mein Geburtstag.
8 Ich freue mich.

In dem Gedicht ist ja ganz viel gleich.

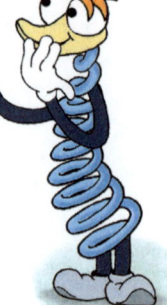

1 Lies die Sätze und schreibe.

a) In Zeile 1, Zeile 4 und Zeile 7 steht der gleiche Satz:

_____

b) In Zeile 2 und Zeile 8 steht der gleiche Satz:

_____

2 In welchen Zeilen stehen verschiedene Sätze? Schreibe.

Zeile 3 _____ _____ _____

Ein Rondell besteht aus 8 Zeilen.
Zeile 1, 4, 7:   Hier steht dein wichtigster Satz.
Zeile 2, 8:   Hier steht ein anderer wichtiger Satz.
Zeile 3, 5, 6:   Hier stehen verschiedene Sätze.

---

3 Lies das Rondell 3-mal. Sprich die wichtigen Sätze besonders deutlich. Trage das Rondell deiner Klasse vor. _____

Unterschrift Lehrkraft

Ein Rondell kennenlernen
Die einzelnen Zeilen eines Rondells untersuchen
Ein Rondell betont präsentieren

4 Sophie möchte ein Rondell zum Thema **Fußball** schreiben.
Lies und schreibe deine Ideen zum Thema **Fußball**
in den Gedankenschwarm.

_____

_____   Fußball   spielen _____

Freunde _____   _____

5 Sophie hat mit ihren Ideen die 2 wichtigen Sätze geschrieben. Lies.

1 Ich spiele gern Fußball.
2 Da treffe ich alle meine Freunde.
3 _____
4 Ich spiele gern Fußball.
5 _____
6 _____
7 Ich spiele gern Fußball.
8 Da treffe ich alle meine Freunde.

6 Schreibe zum Thema **Fußball** 3 verschiedene Sätze
in Zeile 3, Zeile 5 und Zeile 6.
Dein Gedankenschwarm hilft dir.

1 Sammle Ideen zum Thema **Ferien** in einem Gedankenschwarm.

Ausflug mit dem Fahrrad

_____ (Ferien) _____

_____

_____

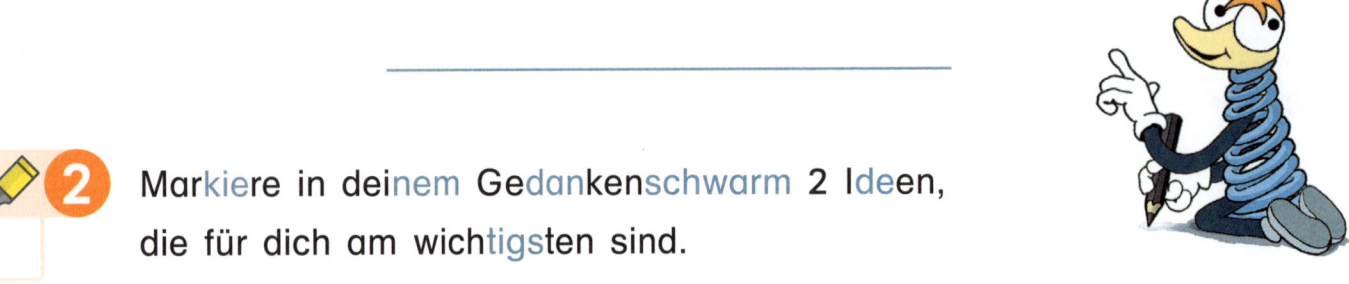

2 Markiere in deinem Gedankenschwarm 2 Ideen, die für dich am wichtigsten sind.

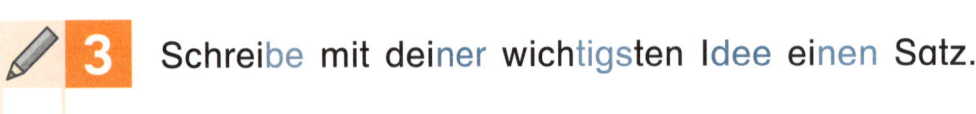

3 Schreibe mit deiner wichtigsten Idee einen Satz.

_____

4 Schreibe mit deiner zweiten wichtigen Idee einen Satz.

_____

5 Schreibe mit deinen anderen Ideen 3 verschiedene Sätze zum Thema Ferien. Dein Gedankenschwarm hilft dir.

_____

_____

_____

Ideen in einem Gedankenschwarm sammeln
Sätze zu gesammelten Ideen bilden

... und ein Rondell schreiben

 6 Schreibe

a) deinen grünen Satz in Zeile 1, Zeile 4 und Zeile 7.

b) deinen roten Satz in Zeile 2 und Zeile 8.

c) deine 3 verschiedenen Sätze in Zeile 3, Zeile 5 und Zeile 6.

> Achte auf die Farben!

1 _____

2 _____

3 _____

4 _____

5 _____

6 _____

7 _____

8 _____

 **7** Schreibe dein Rondell auf ein Schmuckblatt.

Gestalte es.

 **8** Lies dein Rondell 3-mal.

Sprich die wichtigen Sätze besonders deutlich.

Trage dein Rondell deiner Klasse vor.

_____

Unterschrift Lehrkraft

An andere adressatengerecht schreiben

Ich möchte eine E-Mail an das Theater schreiben.

Sehr geehrte Damen und Herren, ...

Hallo Leute, ...

Tschüs ...

Mit freundlichen Grüßen ...

Kennst du den Empfänger?

1 Welche Anrede und welche Grüße schreibst du einer Person, die du gut kennst? Unterstreiche oben blau.

2 Welche Anrede und welche Grüße schreibst du einer Person, die du nicht kennst? Unterstreiche oben rot.

> Wenn du jemanden nicht kennst, musst du die Form einhalten.
> Du schreibst eine höfliche **Anrede** und höfliche **Grüße**:
> Sehr geehrte Damen und Herren, ...   Mit freundlichen Grüßen ...
> Wenn du an Personen schreibst, die du gut kennst,
> kannst du persönlicher schreiben:
> Hallo Leute, ...   Tschüs ...

3 Deine Klasse möchte ein Theater besuchen.
Du schreibst eine E-Mail an das Theater.
Schreibe eine passende Anrede und passende Grüße.

Anrede: _____

Grüße: _____

Ideen zum Einsatz des Tablets, siehe Handreichung, Kap. 1.3

Adressatenbezogene Anreden und Grüße lesen
Anrede und Grüße adressatenorientiert einem Betreff zuordnen

Adressatengerechte Nachrichten erkennen

1 Die Klasse 4c möchte ins Museum. Sie hat 2 verschiedene E-Mails geschrieben. Lies die E-Mail A und die E-Mail B. Markiere die Anreden und die Grüße.

E-Mail A ☐ :

Einfügen   Optionen   Text formatieren   Überprüfen

Senden

Cc...

museum@technik.de

Betreff: Besuch im Museum

Sehr geehrte Damen und Herren,

unsere Klasse 4c möchte an einem Freitag
im Mai oder Juni das Museum besuchen.
Wir sind 25 Kinder und 2 Erwachsene.
Ist ein Besuch noch möglich?
Über eine Antwort freuen wir uns.

Mit freundlichen Grüßen
Klasse 4c der Turmschule

E-Mail B ☐ :

Datei   Nachricht   Einfügen   Optionen   Text formatieren   Überprüfen

enden

An...   museum@technik.de

Cc...

Betreff: Besuch im Museum

Hallo Leute,

unsere Klasse 4c will ins Museum.
Habt ihr mal Zeit?
Antwortet bitte schnell.

Grüße
Klasse 4c

2 Welche E-Mail würdest du an das Museum schreiben? Kreuze an.

 **1** Lies die E-Mail A und die E-Mail B.
Schreibe passende Anreden und Grüße.

E-Mail A:

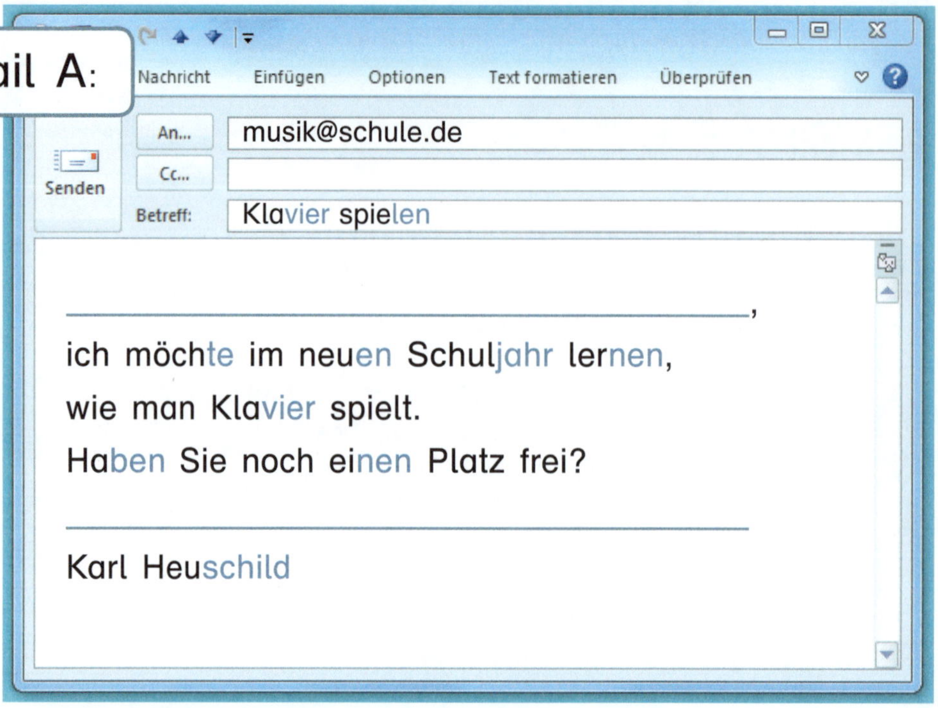

An... musik@schule.de
Cc...
Senden
Betreff: Klavier spielen

_____,

ich möchte im neuen Schuljahr lernen,
wie man Klavier spielt.
Haben Sie noch einen Platz frei?

_____

Karl Heuschild

E-Mail B:

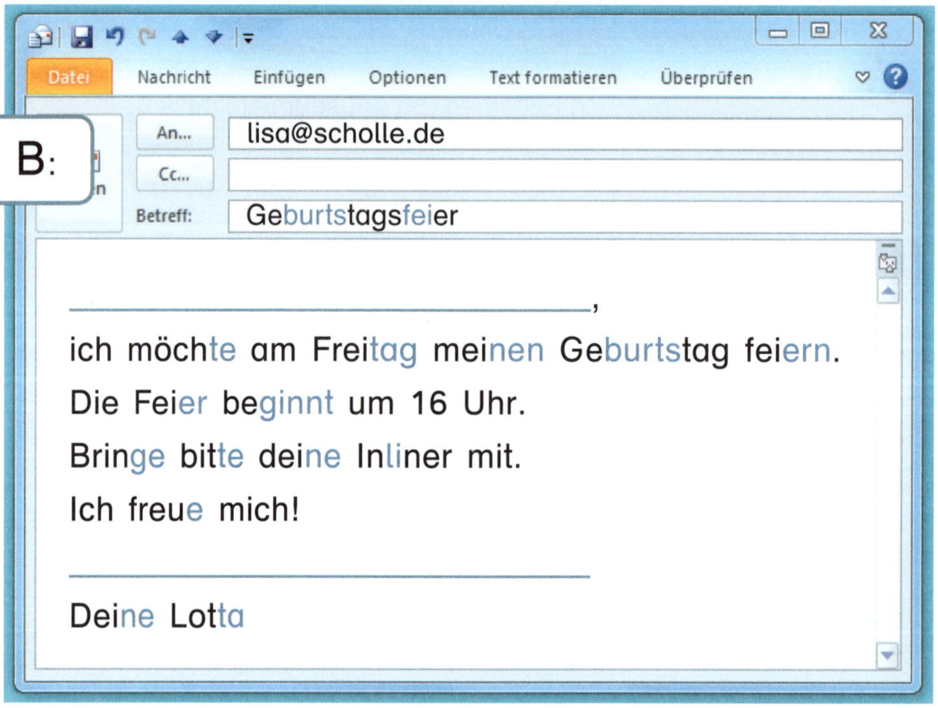

Datei Nachricht Einfügen Optionen Text formatieren Überprüfen

An... lisa@scholle.de
Cc...
Betreff: Geburtstagsfeier

_____,

ich möchte am Freitag meinen Geburtstag feiern.
Die Feier beginnt um 16 Uhr.
Bringe bitte deine Inliner mit.
Ich freue mich!

_____

Deine Lotta

 **2** Lies die E-Mail A und die E-Mail B einem Partnerkind vor.
Passen die Anreden und die Grüße?

_____

Unterschrift Partnerkind

Datum: _____

 **1** Schneide die ☀-Karten mit den Anreden und den Grüßen aus.

 **2** a) Male die Anreden und Grüße für einen Empfänger, den du gut kennst, blau.

b) Male die Anreden und Grüße für einen Empfänger, den du nicht kennst, rot.

 **3** Ordne die ☀-Karten in die Tabelle ein. Kontrolliere deine Farben.

Den Empfänger kenne ich gut:	Den Empfänger kenne ich nicht:

 **4** Herr Müller möchte einen Brief an seine Chefin Frau Wilhelm schreiben.

Schreibe eine passende Anrede und einen passenden Gruß.

Die ☀-Karten helfen dir.

_____

_____

Na du — **Freundliche Grüße**

Geehrter Herr — **Bis bald**

Sehr geehrte Frau — **Tschüs**

Handlungsorientiert Adressaten beachten
Adressatenorientierte Anreden und Grüße ordnen
Anreden und Grüße Briefanlässen zuordnen

21

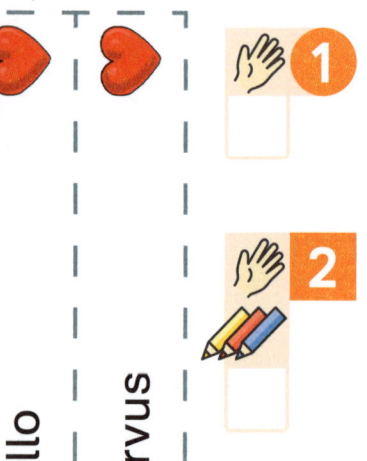

Hallo · Servus

Sehr geehrter · Herzliche Grüße

Geehrte Frau · Kuss

1 Nimm die 💛-Karten mit den Anreden und den Grüßen.

2 a) Male die Anreden und Grüße für einen Empfänger, den du gut kennst, blau.

b) Male die Anreden und Grüße für einen Empfänger, den du nicht kennst, rot.

3 Lege die 💛-Karten passend in die Nachrichten.

⬜	Lina,

treffen wir uns morgen um 15 Uhr am See?

⬜

Deine Julia

⬜	Herr Kunz,

die Klassensprecher treffen sich in der Aula.

⬜

Ihre Schülersprecher

4 Lies mit einem Partnerkind die Nachrichten.
Passen Anrede und Grüße?
Sprecht darüber.

_____
Unterschrift Partnerkind

Handlungsorientiert Adressaten beachten
Adressatenorientiert Anreden und Grüße ordnen
Die Wirkung von Anreden und Grüßen in Nachrichten erkennen

Eine Anfrage schreiben

 **1** Lies die Anzeige für die **Geburtstagsfeier im Wild**park.
Was möchtest du gern machen? Markiere.

> Ein Erlebnis ist die Geburtstagsfeier im Wildpark:
>
> Ponyreiten, Kutschfahrt, Picknick und Tierfütterung.
>
> Ihr könnt am Lagerfeuer Würstchen grillen.
>
> Bitte die einzelnen Wünsche
>
> abstimmen unter
>
> wildpark@abenteuer.de

 **2** Du möchtest deinen Geburtstag im Wildpark feiern. Schreibe die E-Mail.
a) E-Mail-Adresse vom Wildpark
b) Anrede und passende Grüße
c) Datum der Feier und Wunschaktion

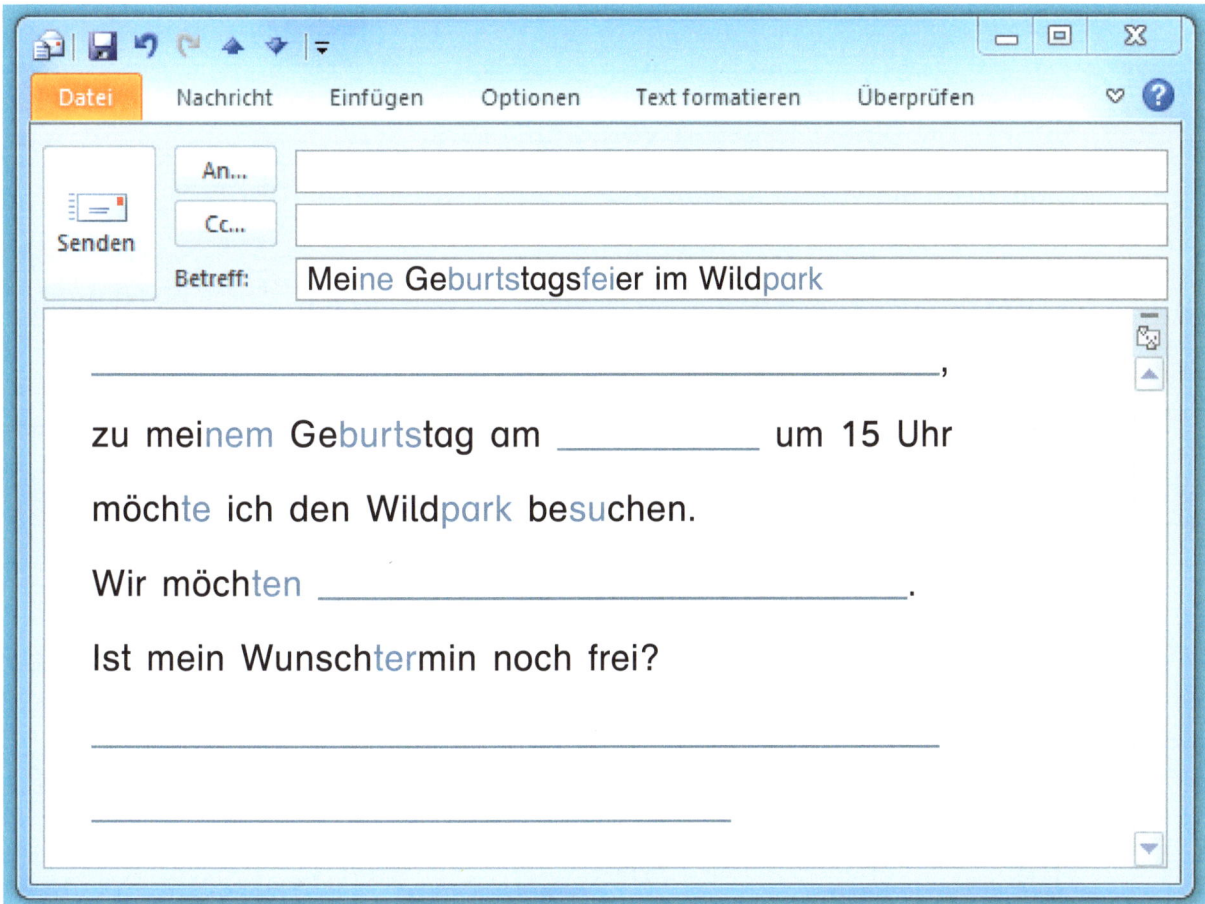

Eine Anzeige zu Freizeitangeboten lesen
Persönliche Wünsche erkennen
Eine E-Mail adressatengerecht ergänzen

23

Figuren beschreiben

1 Suche dir ein Partnerkind. Überlegt gemeinsam:

Warum sieht der Prinz von Flex

anders aus als der Prinz von Flora?

_____
Unterschrift Partnerkind

2 Suche dir einen Prinzen von oben aus.

Lies und schreibe. Diese Adjektive können dir helfen.

groß	klein	rot	blau	braun
gelb	schwarz	freundlich		grimmig

Der Prinz ist _____. Seine Augenfarbe ist

_____. Er trägt ein _____ Gewand und

einen _____ Umhang. Seine Schuhe

sind _____. Auf dem Kopf trägt er eine Krone

mit _____ Steinen. Er sieht _____ aus.

Ideen zum Einsatz des Tablets, siehe Handreichung, Kap. 1.3

Erkennen, dass Adjektive eine Beschreibung genauer machen
Eine Beschreibung durch Adjektive präzisieren

Eine Beschreibung untersuchen

1 In seinem Buch **In einem tiefen, dunklen Wald** beschreibt Paul Maar, wie eine Prinzessin einem Untier begegnet.

a) Lies den Text.

b) Wie sieht das Untier aus? Markiere im Text.

Jetzt sah die Prinzessin das Untier zum ersten Mal.

Es ging auf zwei Beinen. Es war bestimmt

3 Meter hoch. Der ganze Körper war behaart.

Es hatte eine breite, große Nase. Das Maul war klein.

Es schien keine Ohren zu haben. Das Erstaunlichste

waren seine klobigen, plumpen Füße. [gekürzt, verändert]

2 Male das Untier.

3 Schreibe den Steckbrief für das Untier.

Die markierten Wörter von oben helfen dir.

Größe: _3 Meter_ Maul: _____

Körper: _____ Ohren: _____

Nase: _____ Füße: _____

Wichtige Wörter im Text markieren
Textverständnis durch eine Zeichnung dokumentieren
Einen Steckbrief vervollständigen

25

Eine Beschreibung verfassen

1 Schau dir das Bild vom Grüffelo genau an.
Lies und markiere.
Was passt zum Grüffelo?

> dürre Arme
>
> lange Hörner
>
> braunes Fell
>
> scharfe Krallen
>
> lockige Haare
>
> kurze Beine
>
> dünner Bauch

2 Beschreibe den Grüffelo.
Die markierten Wörter von oben helfen dir.

Der Grüffelo hat lange Hörner.

_____

_____

_____

_____

3 Beschreibe die Maus oben im Bild.
Schreibe in dein Heft.

Eine Buchfigur betrachten
Passende Begriffe für eine Beschreibung auswählen
Eine passende Beschreibung verfassen

Ein anderes Kind vorstellen

1 Suche dir ein Partnerkind.
Schreibt gemeinsam einen
Steckbrief über dein Partnerkind.

_____
Unterschrift Partnerkind

Dein Name:

_____

Das ziehst du am liebsten an:

_____

Daran erkennt man dich gut:

_____

Das magst du:

_____

Das magst du nicht:

_____

Dein tollstes Erlebnis mit der Klasse:

_____

2 Schreibe einen Steckbrief über ein anderes Kind
in dein Heft.

3 Lies die Steckbriefe deiner Klasse vor.

_____
Unterschrift Lehrkraft

Ideen in einer Mindmap sammeln

Datum: _____

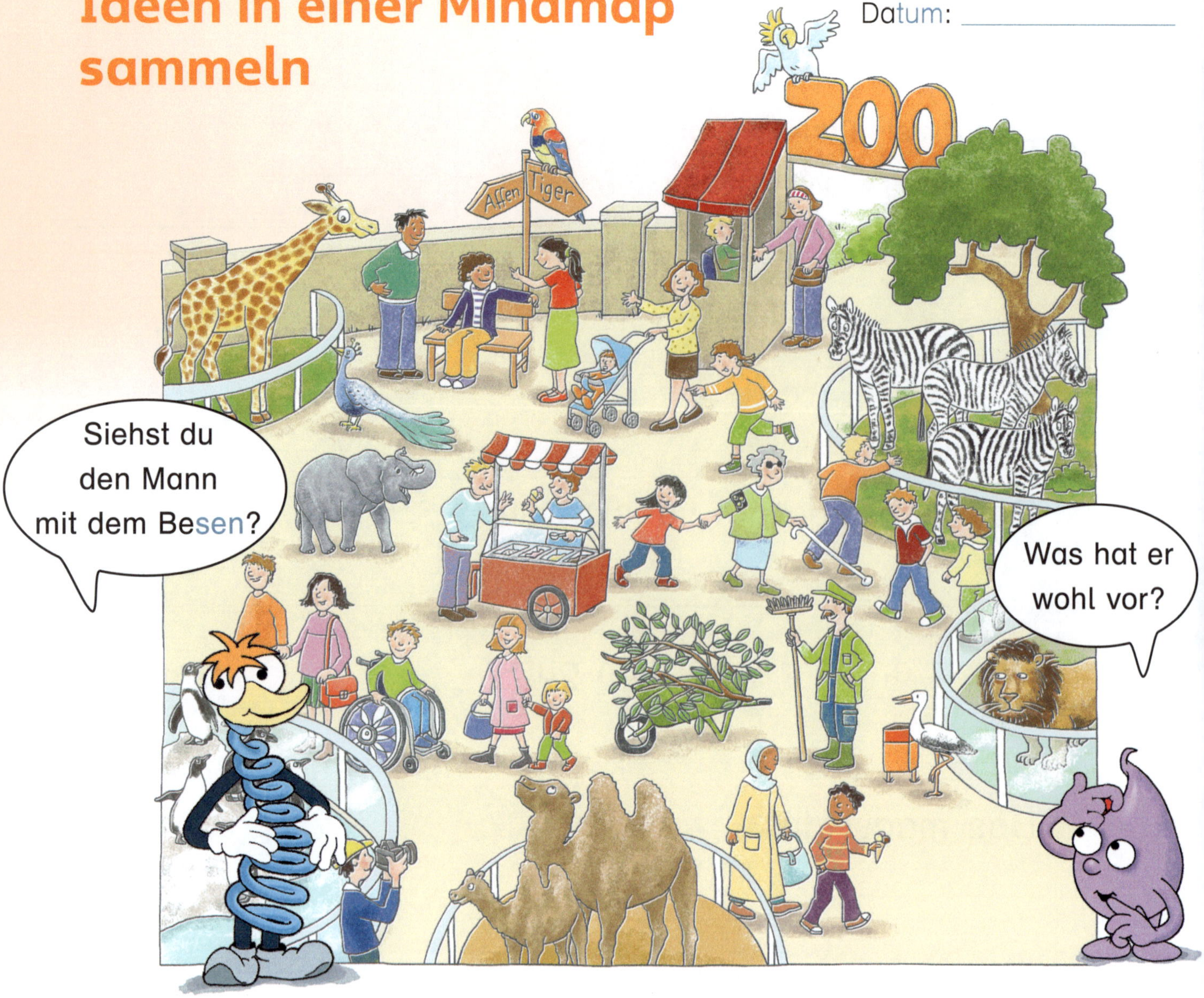

Siehst du den Mann mit dem Besen?

Was hat er wohl vor?

---

1 Suche dir ein Partnerkind.

Findet den Tierpfleger.

Kreist ihn oben im Bild ein.

2 Spielt mit dem Bild oben das Spiel
„Ich sehe was, was du nicht siehst ...!"

3 Überlegt gemeinsam:

a) Wohin wird der Tierpfleger gehen?

b) Was könnte passieren?

c) Wen trifft der Tierpfleger?

_____

Unterschrift Partnerkind

Ein Bild genau betrachten
Situationen auf einem Bild erfassen
Vermutungen zum Bild anstellen

4 Sammle deine Ideen. Schreibe.

Du kannst noch mehr Verbindungen einfügen.

Giraffe

Wohin wird der Tierpfleger gehen?

Wen trifft der Tierpfleger?

Was könnte passieren?

In einer **Mindmap** kann man Ideen geordnet sammeln.
Ideen, die zusammengehören, werden verbunden.

5 Markiere in deiner Mindmap aus jedem farbigen Feld eine Idee
für deine Geschichte.

6 Schreibe mit deinen oben markierten Ideen
die Geschichte in dein Heft.

1 Finde im Bild auf Seite 28 den Elefanten.
Kreise ein.

2 Sammle deine Ideen für eine Geschichte in der Mindmap.
Schreibe.

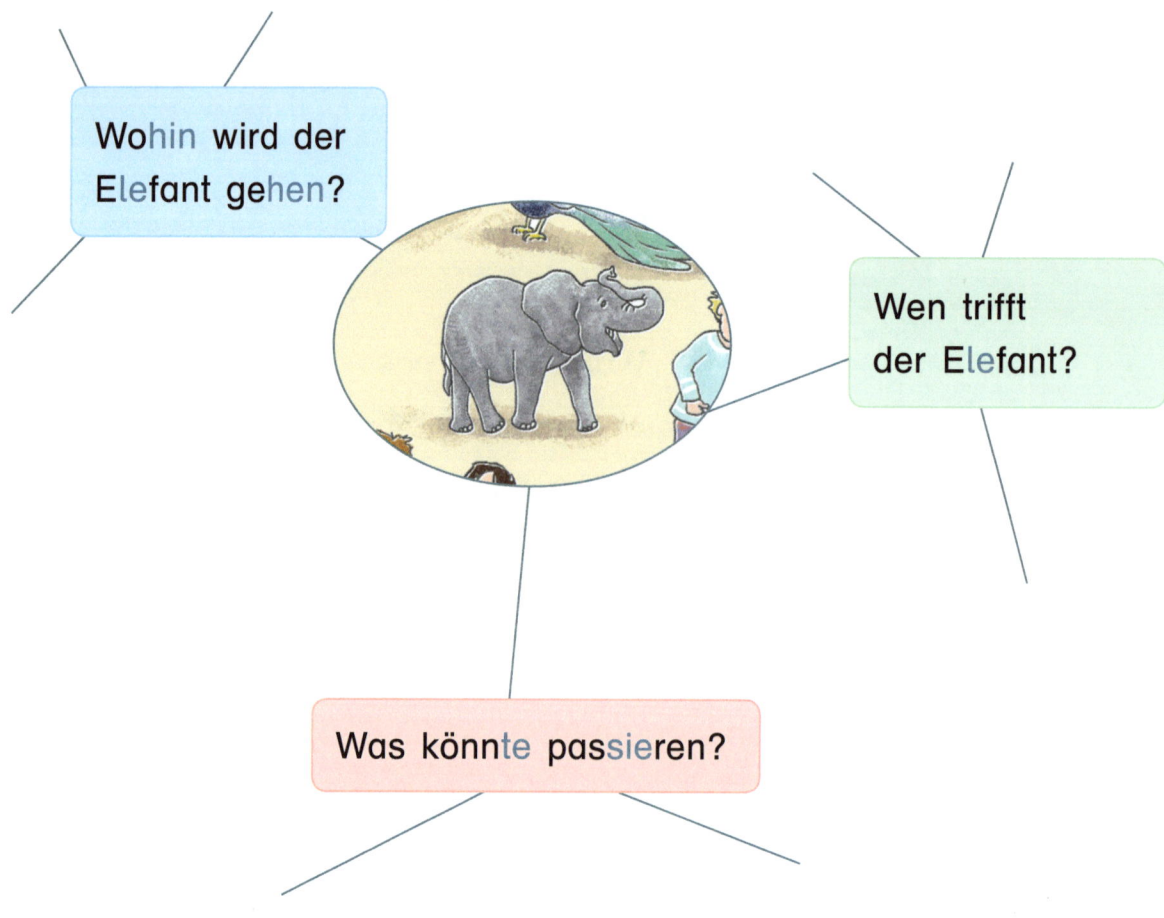

Wohin wird der Elefant gehen?

Wen trifft der Elefant?

Was könnte passieren?

3 Markiere in deiner Mindmap aus jedem farbigen Feld eine Idee
für deine Geschichte.

30

Mit einer Mindmap arbeiten
Einen Handlungsstrang entwickeln
Ideen für eine Geschichte auswählen

... und eine Geschichte schreiben

Datum: _____

4 Schreibe die Geschichte. Deine Mindmap hilft dir.

5 Schreibe eine Überschrift für deine Geschichte
in den roten Rahmen.

6 Lies deine Geschichte 3-mal.
Stelle sie dann deiner Lehrkraft vor.

_____
Unterschrift Lehrkraft

Eine Geschichte schreiben und Ideen aus der Mindmap nutzen
Eine Überschrift finden
Eine eigene Geschichte präsentieren

Erklärvideo *Einen Text vorlesen*,
siehe Handreichung, Kap. 1.1.4

Ti3

31

Datum: _____

Hast du auch alle wichtigen Zutaten genommen?

Oje, die Muffins sind mir nicht gelungen.

Rezept
1 Ei   200 ml Milch
50 ml Öl   50 g Zucker
225 g Mehl
2 TL Backpulver
200 g Himbeeren

1 Vergleiche das Rezept oben mit den Bildern.

Welche Zutat hat Flora vergessen? _____

1 Ei

200 ml Milch, 50 ml Öl

50 g Zucker

225 g Mehl, 2 TL Backpulver

200 g Himbeeren

200 Grad, 20 min

Eine Anleitung mit einem Rezept vergleichen
Eine fehlende Zutat identifizieren

2 Welche Zutaten brauchst du? Schreibe.

Zutaten:

1 Ei, _____

_____

_____

3 Was musst du tun? Lies die Backanleitung für die Muffins.
Setze die Verben passend ein.

| rühre | gebe | ~~schlage~~ | fülle | verrühre | füge | schiebe |

Zuerst schlage ich das Ei auf.

Dann _____ ich es mit dem Handmixer.

Nun _____ ich Milch, Öl, Zucker,

Mehl und Backpulver dazu.

Danach _____ ich alles.

Anschließend _____ ich

die Himbeeren vorsichtig dazu.

Nun _____ ich den Teig

in die Form.

Zum Schluss _____ ich

die Form in den Backofen.

Datum: _____

 **1** Schau dir mit einem Partnerkind den Spielplan an.

Nach welchen Spielregeln wollt ihr spielen?

Probiert eure Ideen aus.

_____

Unterschrift Partnerkind

 **2** Schreibt eigene Ideen auf die Ereigniskarten.

Setze einmal aus!	Gehe 3 Felder zurück!	Laufe einmal um den Tisch!

Eigene Ideen für ein Brettspiel entwickeln
Eigene Regeln ausprobieren
Ideen für Ereigniskarten ergänzen

... und aufschreiben

Datum: _____

3 Überlegt euch eine Spielanleitung.

a) Welches Material braucht ihr für das Spiel?

Wie viele Spielerinnen und Spieler können mitspielen?

Wie beginnt das Spiel?

Spielanleitung

Spielmaterial: _____

Anzahl Spielerinnen und Spieler: _____

Spielbeginn: _____

---

b) Überlegt euch Spielregeln für euer Spiel und schreibt sie auf.

Spielregeln: _____

_____

_____

_____

_____

Ende des Spiels: _____

_____

4 Spielt das Spiel auf Seite 34

nach euren Regeln.

Eine Idee für ein Spiel entwickeln und formulieren
Eine Spielanleitung aufschreiben und danach spielen

Ideen zum Einsatz des Tablets,
siehe Handreichung, Kap. 1.3

 **1** Schau dir mit einem Partnerkind den Plan für die Schnitzeljagd genau an. Sucht den **Bärenweg**, die **Kastanienallee**, den **Drosselweg** und den **Uferweg**.

Drosselweg

- an den weißen Steinen entlang
- bis zum Picknicktisch **5**

- hinter der Hütte auf dem Drosselweg entlang
- bis zu den Baumstämmen **4**

Kastanienallee

- weiter auf Kastanienallee
- bis zur Hütte **3**

- links Uferweg entlang
- bis zum Boot **6**

Uferweg

- linken Weg entlang
- bis zu den Luftballons **2**

- am Ufer entlang
- im hohlen Baumstumpf **7**

Bärenweg

START
- am Bärenweg
- bis zur Bank **1**

SCHATZ

 **2** Lest gemeinsam. Findet den Weg.
Beginnt bei START und endet bei SCHATZ.

_____
Unterschrift Partnerkind

Sich auf einem Plan orientieren
Notizen lesen und einen Weg finden

3 Lies und beschreibe den Weg.

1 Beginne bei START. Gehe den Bärenweg entlang bis zur Bank.

2 Gehe auf dem linken Weg bis _____

_____

3 Gehe weiter auf der Kastanienallee bis _____

_____

4 Gehe _____

_____

5 _____

_____

6 _____

_____

7 _____

_____

Fantasiegeschichten planen ...

 **1** Stelle dir vor, du hast eine Zaubermütze und bist unsichtbar.
Schreibe Ideen für eine Geschichte in die Mindmap.

Wohin gehe ich?

Wen treffe ich?

Was könnte passieren?

 **2** Markiere in deiner Mindmap aus jedem farbigen Feld eine Idee
für deine Geschichte.

Assoziationen zu einem fantastischen Bildimpuls sammeln
Wichtige Ideen für eine Geschichte auswählen

3 Schreibe die Geschichte.
Deine Mindmap und die Satzanfänge helfen dir.

Ich gehe ...   Dort finde ich ...

Zuerst will ich ...   Alle wundern sich, dass ...

Plötzlich bin ich ...   Zum Schluss ...

_____

_____

_____

_____

_____

_____

_____

_____

4 Schreibe eine Überschrift für deine Geschichte
in den roten Rahmen.

5 Lies deine Geschichte 3-mal.
Stelle sie dann deiner Klasse vor.

_____

Unterschrift Lehrkraft

Eine Fantasiegeschichte fortsetzen ...

 **1** Lies den Anfang der Geschichte.

Im letzten Sommer fand ich
im Müll eine kleine Maschine.
Ich drückte einfach auf einen der Knöpfe.
Plötzlich drehte sich alles um mich herum.
Vorsichtig öffnete ich die Augen.

 **2** Sammle deine Ideen für eine Geschichte
in der Mindmap. Schreibe.

Wo war ich?

Wen traf ich?

Was passierte?

 **3** Markiere in deiner Mindmap aus jedem farbigen Feld eine Idee
für deine Geschichte.

Assoziationen zu einem fantastischen Geschichtenanfang sammeln
Ideen zu einer fantastischen Situation in einer Mindmap verschriftlichen

 **4** Schreibe die Geschichte. Deine Mindmap
und die Satzanfänge helfen dir.

> Ich ging ...   Dort fand ich ...
>
> Zuerst wollte ich ... Alle wunderten sich, dass ...
>
> Plötzlich hatte ich ... Zum Schluss ...

_____

_____

_____

_____

_____

_____

_____

 5 Schreibe eine Überschrift für deine Geschichte
in den roten Rahmen.

 **6** Lies deine Geschichte 3-mal.
Stelle sie dann deiner Klasse vor.

_____

Unterschrift Lehrkraft

Eine Fantasiegeschichte mithilfe von Satzanfängen schreiben
Beim Schreiben Ideen aus der Mindmap nutzen
Die eigene Geschichte präsentieren

▶ Erklärvideo *Einen Text vorlesen*,
siehe Handreichung, Kap. 1.1.4

Diskutieren und Standpunkte vertreten

Du kannst dafür oder dagegen sein. Dafür nennt man auch pro. Dagegen nennt man auch kontra.

Ich bin für eine Schuluniform. Das Anziehen geht morgens schneller.

Ich bin gegen eine Schuluniform.

1 Suche dir ein Partnerkind.
Wie denkt ihr über eine Schuluniform?
Sprecht darüber.

_____

Unterschrift Partnerkind

2 Lies die Argumente.
Welche Argumente sprechen für/pro eine Schuluniform? Male grün.
Welche Argumente sprechen gegen/kontra eine Schuluniform? Male rot.

Es entsteht ein „Wir-Gefühl".

Eine Schuluniform ist altmodisch.

Schüler dürfen nicht entscheiden, was sie anziehen.

Fremde Personen werden schnell entdeckt.

3 Wie denkst du nun über eine Schuluniform? Kreuze an:
Ich bin dafür/pro. ☐   Ich bin dagegen/kontra. ☐

Ideen zum Einsatz des Tablets,
siehe Handreichung, Kap. 1.3

Pro- und kontra-Argumente kennenlernen
Pro- und kontra-Argumente sortieren
Sich eine eigene Meinung bilden

Handelnd Argumente ordnen 1

1 Schneide die grauen Karten aus.

a) Suche dir ein Partnerkind.
   Sprecht über das Thema:
   Ist Taschengeld sinnvoll?

b) Lest die grauen Karten.
   Ordnet die Argumente in die Tabelle.

_____
Unterschrift Partnerkind

dafür / pro	dagegen / kontra

Kinder lernen besser, mit Geld umzugehen.

Kinder geben das Geld für Süßes aus.

Kinder können Geschenke kaufen.

Eltern haben noch weniger Geld.

Kinder lernen, Entscheidungen zu treffen.

Kinder kaufen sich unnötige Dinge.

2 Wie denkst du nun über Taschengeld?
Wie entscheidest du dich?
Ich bin dafür / pro. ☐ Ich bin dagegen / kontra. ☐

Handlungsorientiert pro- und kontra-Argumente kennenlernen
Pro- und kontra-Argumente sortieren
Sich eine eigene Meinung bilden

43

Datum: _____

Am Nachmittag kann man sich schlechter konzentrieren.

Durch Hausaufgaben lernt man, Aufgaben zu erledigen.

1

a) Suche dir ein Partnerkind.
Sprecht über das Thema:
Sind Hausaufgaben sinnvoll?

b) Lest die zwei blauen Karten.
Ordnet die Argumente in die Tabelle.

_____
Unterschrift Partnerkind

pro	kontra

2

Finde 2 weitere Argumente pro oder kontra Hausaufgaben. Schreibe sie auf die leeren blauen Karten und ordne zu.

Handlungsorientiert Argumente nach pro und kontra sortieren
Eigene Argumente aufschreiben

Ein Thema auswählen und argumentieren

 **1** Lies und wähle ein Thema. Kreuze an.

> Dürfen Kinder ihr Handy mit in die Schule nehmen? ☐

> Dürfen Kinder Schmuck mit auf die Klassenreise nehmen? ☐

 **2** Überlege dir zu deinem Thema pro-Argumente und kontra-Argumente. Schreibe.

pro	kontra

 **3** Welche Meinung hast du? Schreibe deiner Klassenlehrkraft einen Brief. Verwende die Argumente von oben.

Liebe/r Frau/Herr _____,

ich finde, dass _____

_____

_____

_____

Herzliche Grüße

_____

Ein Thema auswählen
Pro- und kontra-Argumente finden und aufschreiben
Die eigene Meinung in einem Brief vertreten

45

Den Überarbeitungskreis kennenlernen

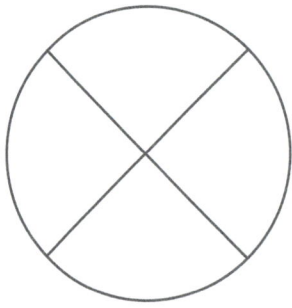

1 Schau dir die Überarbeitungskreise oben im Bild an.

Welche Farben haben die Teile des Kreises? Male.

2 Suche dir ein Partnerkind.

Nehmt den Überarbeitungskreis.

Lest alle Überschriften und Fragen.

Sprecht darüber.

_____

Unterschrift Partnerkind

Ideen zum Einsatz des Tablets,
siehe Handreichung, Kap. 1.3

Den Überarbeitungskreis kennenlernen
Die Farben des Kreises kennen

Texte sprachlich überarbeiten

 **1** Lies.

Schreibe passende Verben.

Gibt es passende Verben?

| wanderte | lief | schlich |

Eines Tages ging ich zu einer Burg. __wanderte__

Ich ging durch das Burgtor. _____

Dann ging ich zum Rittersaal. _____

 **2** Lies.

Schreibe verschiedene Satzanfänge.

Sind die Satzanfänge verschieden?

| Dann | Plötzlich | Sofort |

Da sah ich Ritter Kuno.  __Plötzlich__

Da entdeckte er mich. _____

Da erklärte er mir sein Problem. _____

 **3** Lies.

Vor den Nomen fehlen passende Adjektive. Schreibe.

Gibt es passende Adjektive?

| wertvoll | glänzend | kostbar |

Seine Schatzkiste war weg.  __wertvolle__

In ihr war sein Gold _____

und der Schmuck seiner Frau. _____

Texte inhaltlich ...

 **1** Suche dir ein Partnerkind.

_____
Unterschrift Partnerkind

 **2** Lest den Text.
Bringt ihn in die richtige Reihenfolge.
Schreibt dazu **A** bis **D** in die Kreise.

Stimmt die Reihenfolge?

Zuerst gingen wir zum Pferdestall. **A**

Am Abend fanden wir das Lager der Räuber. ◯

Sofort stiegen wir auf und ritten los. ◯

Dort gab uns ein Diener unsere Pferde. ◯

 **3** Lest den Text.
Wo fehlt der Satz im roten Rahmen?
Zeichnet einen Pfeil vom Rahmen zur Textstelle.

Kann man den Text verstehen?

Da saß ein dicker Räuber

auf unserer Schatzkiste.

Wir wollten den Schatz zurückerobern.

Ritter Kuno hatte eine Idee.

Er schickte die Diener

zurück zur Burg.

Sie kamen mit Bettlaken zurück.

Wir sahen sehr gruselig aus.

Damit verkleideten wir uns als Gespenster.

Eine Reihenfolge im Text festlegen
Einen wichtigen Satz ergänzen

4 Lest gemeinsam.

Wir stürmten auf das Lager der Räuber zu ⌣.

D̷ie Räuber erschraken sehr ⌣.

wir hatten sie völlig überrumpelt.

Sind die Satzzeichen gesetzt?

Sie schrien laut vor Angst.

die Räuber liefen panisch davon ⌣

Wir jubelten laut. in aller Ruhe holten wir

die Schatzkiste zurück ⌣

zufrieden ritten wir zur Burg zurück ⌣

dort feierten wir ein tolles Fest.

5 Setzt die fehlenden Punkte
und verbessert die Satzanfänge oben im Text.

Sind die Satzanfänge groß- geschrieben?

6 Lest gemeinsam die gesamte Geschichte
von Seite 47 bis Seite 49.
Sprecht darüber.

1 Lies den Text.

Tremo und das Murkel

Gestern Abend lag ich im Bett.

Und dann deckte ich mich zu. _____

Und dann hatte ich ein _____

komisches Gefühl.

Und dann war ich auf einem _____

fremden Planeten.

Hier sah alles anders aus.

Es gab keine Blumen.

Dafür wuchsen auf der Wiese. _____

Dort summten _____

zwischen den Gräsern.

2 Schreibe verschiedene Satzanfänge oben an den Rand.

Sind die Satzanfänge verschieden?

3 Welche Sätze verstehst du nicht?
Was könnte fehlen?
Schreibe deine Ideen oben an den Rand.

Kann man jeden Satz verstehen?

4 Lies die Geschichte weiter.

Plötzlich hörte ich eine Stimme.

Sie rief: „Murkel, wo bist du?"

Ich entdeckte einen kleinen Roboter

Er kam auf mich zu und sagte:

„Ich heiße Tremo. Mein Murkel ist weg."

Am Ende war Tremo wieder glücklich

Gemeinsam suchten wir die Wiese ab.

Murkel war nirgendwo.

dann sahen wir es.

Es saß ängstlich auf einem Baum.

Tremo stieg auf den Baum

Er nahm Murkel auf den Arm und

stieg mit ihm den Baum hinunter

Sind die Satzzeichen gesetzt?

Stimmt die Reihenfolge?

5 Im Text oben fehlen 3 Punkte
und 2 Satzanfänge sind kleingeschrieben.
Verbessere.

6 Ein Satz oben im Text steht an der falschen Stelle.
Unterstreiche ihn.

Haikus kennenlernen ...

Alles wird klatschnass. ☐

ohne Strümpfe und Schuhe ☐

Ein Regenbogen ☐

wunderschön und bunt ☐

Regen

steht bunt am Himmel ☐

Wasser spritzt herum ☐

In Pfützen springen 5

wunderschön anzusehen ☐

In Pfützen springen

ohne Strümpfe und Schuhe

Wasser spritzt herum

5 Silben

7 Silben

5 Silben

Da passt nicht alles rein.

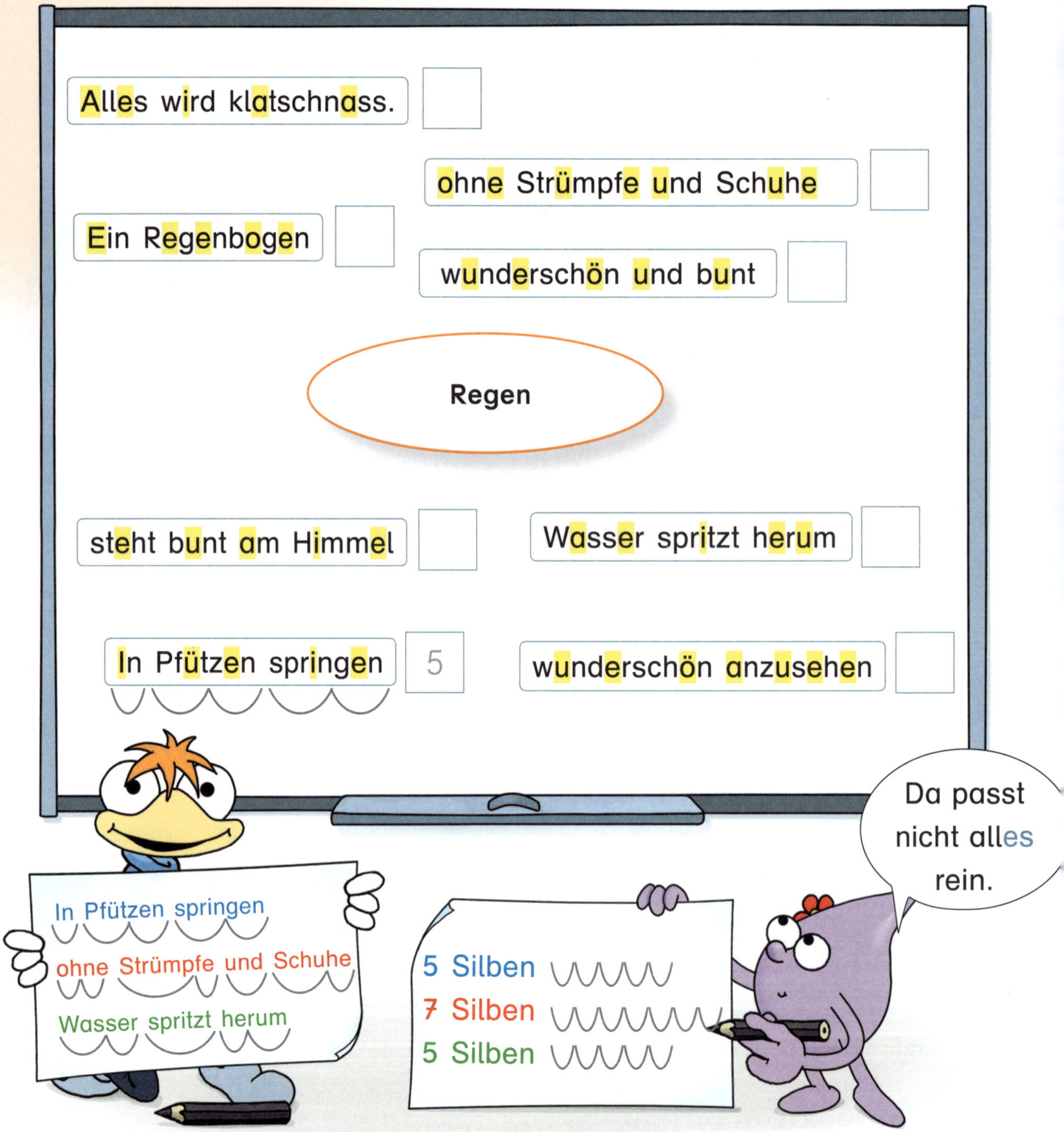

1 Sprich mit einem Partnerkind.

Was meint Flora?

_____

Unterschrift Partnerkind

2 Zeichne die Silbenbögen oben im Bild.

Zähle die Silben oben im Bild.

Schreibe, wie viele Silben es sind.

Ideen zum Einsatz des Tablets,
siehe Handreichung, Kap. 1.3

Ein Gedichtmuster kennenlernen
Semantische Besonderheit im Avenidas-Gedicht erkennen

3 Schreibe das Gedicht von Flex auf Seite 52 ab.
Markiere die Selbstlaute.

1. Vers: In Pfützen springen _____ `5`

2. Vers: _____

3. Vers: _____

4 Zeichne die Silbenbögen unter die Verse in Aufgabe 3.
Zähle die Silben und schreibe.

> Ein Haiku ist ein besonderes Gedicht aus Japan.
> Es beschreibt Dinge aus der Natur. Das Haiku hat drei Verse:
> 1. Vers: 5 Silben
> 2. Vers: 7 Silben
> 3. Vers: 5 Silben

5 Schreibe ein eigenes Haiku zum Thema **Regen**.
Benutze Wörter von Aufgabe 1.

1. Vers: _____ `5`

2. Vers: _____ `7`

3. Vers: _____ `5`

6 Zeichne die Silbenbögen unter die Verse in deinem Haiku.

7 Schreibe dein Haiku auf ein Schmuckblatt. Du kannst dein Haiku
auch mit dem Computer schreiben und gestalten.

Ein Gedichtthema wählen
Ein Gedichtmuster anwenden
Eine Überschrift finden

Ein Haiku schreiben

 **1** Schau dir das Bild an. Lies die Wörter.

Flammen am knackenden Holz ☐	Flammen flackern schön ☐
wohlige Wärme ☐	knistern im Ofen 5
glühende Kohlen ☐	rot und gelb und heiß ☐
am liebsten frisst es Papier ☐	Feuer verbreitet sich schnell ☐

 **2** Markiere die Selbstlaute in Aufgabe 1.
Zeichne die Silbenbögen.

 **3** Zähle die Silben in Aufgabe 1.
Schreibe in den Kasten, wie viele Silben es sind.

4 Schreibe ein Haiku zum Thema **Feuer**. Benutze Wörter von Aufgabe 1

1. Vers: 5 Silben _____ 5

2. Vers: 7 Silben _____ ☐

3. Vers: 85 Silben _____ ☐

 **6** Lies dein Haiku 3-mal.
Stelle es dann deiner Klasse vor.

_____
Unterschrift Lehrkraft

Ein Gedicht schreiben
Ein Gedicht systematisch präsentieren

Das kann ich jetzt

Ich kann eine Geschichte schreiben:

Ich kann ein Kind aus der Klasse beschreiben:

Ich kann eine persönliche Anrede und Grüße schreiben:

Ich kann Argumente ordnen:

Die Schule soll erst um 10.00 Uhr beginnen.

pro	kontra

Ich kann ein Gedicht schreiben: